Lore Kienzl und Rena Geilich

Ein Wort...

Mit Zeichnungen von
Lore Kienzl

*Aspera Verlag

Die Deutsche Bibliothek verzeichnet diese Publikation in
der Deutschen Nationalbibliografie; detaillierte bibliografische
Daten sind im Internet abrufbar unter http://dnb.d-nb.de

© 2020 *Aspera Verlag für Kunst, Kultur und Hoffnung
Kaufering, www.aspera-verlag.de

Zeichnungen und Umschlaggestaltung: Lore Kienzl
Gestaltung und Satz: Kraus PrePrint, Landsberg am Lech

ISBN 978-3-9818780-7-3
Printed in Germany

Wenn Schwestern dichten...
täglich ein Wort – nun ein Buch!

Beide haben große Freude an der Sprache, am Wort, am
Schreiben. Humorvoll, lyrisch, manchmal ironisch, aber auch
tief und ernst. Seit vielen Jahren beschenken sie sich damit
gegenseitig, inspirieren und fordern einander heraus, spontan
wohlwollend und ehrlich kritisch.

Dieses kleine Buch findet seinen Ursprung am Beginn der
Ausnahmesituation „Corona". Sie waren gezwungen, einen
geplanten, gegenseitigen Besuch zu streichen, doch es entstand
die Idee zu einem Gedichtband.

Ein zufällig beim Telefonieren gefundenes Wort beschäftigte sie
und wurde zur täglichen Herausforderung. Mal flossen die Zeilen
locker und leicht, dann wieder waren sie sperrig und mühsam.

Sechsundfünfzig Gedichte sind es geworden – und es ist
spannend und geradezu faszinierend, wie unterschiedlich die
Gedanken und Gefühle sind, die ein und dasselbe Wort in jeder
von ihnen ausgelöst hat und zu einem Gedicht werden ließ.

Rena ist die Liebe zu den Bergen und das ewige Fernweh in
die Wiege gelegt. Lore wurde mit vielseitigem künstlerischem
Talent geboren; Kostproben davon bieten auch die originellen
Zeichnungen in diesem Buch.

Viel Freude beim Lesen!

Das tägliche Wort

Auge	40	Samstag	18. April 2020
Bild	10	Sonntag	22. März 2020
Blatt	56	Sonntag	3. Mai 2020
Buch	12	Montag	23. März 2020
Engel	24	Dienstag	31. März 2020
Farbe	60	Sonntag	10. Mai 2020
Gedanken	44	Donnerstag	23. April 2020
Gewitter	46	Montag	27. April 2020
Hand	42	Montag	20. April 2020
Holz	20	Samstag	28.März 2020
Hund	18	Freitag	27. März 2020
Kerze	34	Karsamstag	11. April 2020
Lächeln	54	Freitag	1. Mai 2020
Meister	36	Ostersonntag	12. April 2020
Mond	30	Mittwoch	8. April 2020
Musik	28	Dienstag	7. April 2020
Nachthemd	16	Donnerstag	26. März 2020
Netz	22	Sonntag	29. März 2020
Rad	52	Donnerstag	30. April 2020
Schirm	62	Montag	11. Mai 2020
Schlüssel	48	Dienstag	28. April 2020
Spiegel	50	Mittwoch	29. April 2020
Stille	38	Mittwoch	15. April 2020
Stimme	58	Montag	4. Mai 2020
Uhr	26	Freitag	3. April 2020
Vogel	32	Donnerstag	9. April 2020
Wind	8	Samstag	21. März 2020
Ziegenstall	14	Dienstag	24. März 2020

Wind

Rena

Wind, du großer Musikant
gehst pfeifend, singend durch das Land.
Kannst brüllen, flüstern, Bäume fällen,
braust auf und ab wie Meereswellen.

Hast Instrumente vielerlei:
Geigen, Trompeten sind dabei.
Kannst auch seufzen, schnalzen, lachen,
schmeicheln – alle Geräusche machen.

Zerzaust die Haare mir ganz wild.
Ein Hut, der fliegt davon,
bleibt hängen an dem Vorfahrtsschild –
seh ihn am Himmel schon.

Doch jeder Spuk ist mal vorbei,
auch dich überfällt der Schlaf.
Ich zähle langsam jetzt bis drei –
gib Ruh, und sei doch brav!

Lore

Da lacht und springt
und jubelt das Kind –
ein Spielgefährte ist's,
der **Wind!**

Er lässt sich nicht fangen
er lässt sich nicht sehn
doch gerade das ist's –
und ist gar so schön!

Bild

Rena

Er ist ein **Bild** von einem Mann,
so geht's von Mund zu Mund.
Toll schaut er aus! Und was er kann,
das tut er jedem kund.

Die Mädchen seufzen nachts im Traum,
sie hätten ihn so gern.
Doch irgendwie – man glaubt es kaum –
bleibt er jeder Versuchung fern.

Vielleicht zu schön, vielleicht zu stolz,
am End' ist er allein.
Ein Kerl sei's aus dem rechten Holz,
ob bisschen dick, ob bisschen klein –
ein Manns**bild** soll's halt sein!

Lore

Ich trag ein **Bild** von dir.
Es ist ganz klein,
doch ist es kostbar mir,
soll stets mir nahe sein.

Ich weiß, die Zeit ist längst
verklungen und vergangen.
Wie waren wir bereit
ohn' Zaudern oder Bangen!

Geblieben ist ein Schmunzeln
im freundlichen Gesicht,
wohl wissend, dass trotz Runzeln
nur die Erinnerung ist strahlend' Licht.

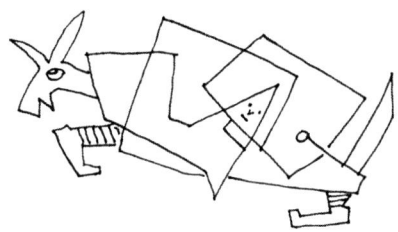

Buch

Rena

Müde bin ich, geh zur Ruh,
mir fallen gleich die Augen zu.
Möcht' wissen: Wie wird's weitergehn?
Bin ja erst auf Seite zehn.

Ein **Buch** in meiner Hand
entführt mich in ein fernes Land.
Die Kraft des Schreibens und der Fantasie
sind ein Geschenk, eine Melodie.

Sie nimmt mich mit im Fluss der Zeit…
Ins Bett jetzt, schnell, es ist soweit!
…
Und morgen dann ab Seite elf!

Lore

Neulich kam Besuch,
brachte mit ein **Buch.**
Bernd hat's gleich gelesen;
spannend ist's gewesen.

In dem düstern Mordfall-Krimi
wird erzählt von einer Mimi.
Sie war geizig, hielt ihr Geld
fest versteckt vor aller Welt.
Doch kaufte sie gar viele Sachen,
die die Leute stutzig machen,
und so kam's, wie's kommen muss:
Ein Mörder machte damit Schluss.

Dies und andre Mörderg'schichten,
die von Abgründen berichten,
bringen dem Menschen viel Vergnügen.
Gerne lässt er andre lügen,
morden, stehlen, vieles mehr,
trinkt sein Bierchen nebenher.
Der Feierabend ist gelungen,
liegt er doch gänzlich ungezwungen
auf dem alten Kanapee …

Ziegenstall

Rena

Ziege, Widder, Lamm und Schaf
wohnen mit mir am Hof,
und wenn ich des Nachts tief schlaf,
treffen sie sich zum Schwof.

Es wird gemeckert, geblökt, gestampft,
bis sich die Balken biegen.
Aus der Tür stinkt's und es dampft,
am wildesten treiben's die Ziegen.

Früh um acht – ich bin ausgeschlafen –
schnarchen sie noch fest im Stall,
liegen in dem Heu, die Braven,
ihre Euter sind ganz prall.

Nicht für Geld gäb ich sie her,
die Bande im **Ziegenstall.**
Sie schenken Milch und noch viel mehr,
wir gehören zusammen – ein für allemal.

Lore

Was gibt's wichtig'res im Leben,
als übern **Ziegenstall** zu reden?
Gar ein Gedicht noch dazu machen?
O ja – da könnt ihr ruhig lachen!
Rena, sie hatte die Idee.
Nicht einfach ist's, wie ich grad seh.

Wär ich 'ne Ziege, wär's doch schön
in einen **Ziegenstall** zu gehn,
der sauber, hell, gemütlich wär.
Als Freund hätt' ich 'nen dicken Bär'n,
dann wär's auch warm ganz zweifellos.
Er könnte sein der große Boss,
und ich ließ' herrlich mich verwöhnen,
tät hin und wieder freudig stöhnen …
Kurzum, es wär in jedem Fall
köstlich und fein im **Ziegenstall!**

Nachthemd

Rena

Rüschentraum aus Samt und Seide …
Wie sähe ich darin wohl aus,
wie 'ne Prinzessin – eine Augenweide?
Oder unmöglich, welch ein Graus!

Tanzen wollte ich immer mal
durch eine ganze lange Nacht …
auf einem Ball im Spiegelsaal,
rundum romantische Kerzenpracht.

Ein **Nachthemd** ist's am End' geworden,
doch Herz und Kopf, die tanzen weiter.
Ich fühl mich warm im Bett geborgen –
und schmunzle noch im Traum ganz heiter.

Lore

Wenn ich am Abend geh zur Ruh',
mach endlich meine Augen zu:
Mein Bett, es ist so herrlich warm,
als läge ich in deinem Arm.
Ruhig und friedlich ist es mir,
es wär so schön, wärst du jetzt hier.

Doch heute bin ich ganz allein,
kuschle mich ins **Nachthemd** rein,
sprech noch schnell zum lieben Gott,
von ferne hör ich ein Fagott …
Nun, gute Nacht, all meine Lieben,
seid wohlgeborgen in tiefem Frieden!

Hund

Rena

Ich schlendre über die Wiesen Stund um Stund
mal wieder ganz allein.
Ein lustiger Begleiter, ein frecher **Hund,**
das könnte schon wunderbar sein.
Ich überlege, es könnte auch
ein Schaf, ein Lama, ein Esel sein.

Na ja, denk ich, das würde schon passen,
doch 'nen **Hund** könnt' ich an der Leine fassen.
Halt ich ihn oder führt er mich?
Das weiß man nicht so genau.
Ist auch egal, denn sicherlich
ist er wie ich – auch schlau!

Lore

Die Inka hat a harmlos' Gschau,
doch rat ich dir, schau ganz genau:
Sie ist dir haushoch überlegen
im ganz normalen Menschenleben.

Vor Tagen blieb ein Kuchenstück
vergessen auf dem Tisch zurück,
und als der Hausherr daran dachte,
ganz langsam der Verdacht erwachte.

Trog denn der Schein? Die Inka schlief
ganz friedlich unterm Küchentisch.
Hat er sich da was vorgemacht
und diesen Kuchen nur erdacht?

Auch wenn gar mancher Zweifel bleibt,
ein Schmunzeln macht sich endlich breit:
Die Inka ist ein feiner **Hund,**
tut niemals deine Schwäche kund.

Sie nimmt sich eben dann und wann
verschwiegen, was sie kriegen kann.
Dann träumt sie friedlich vor sich hin,
welch lieber Mensch du bist –
immerhin!

Holz

Rena

Ich seh das Feuer züngeln,
da wird mir ganz schnell warm.
Ich war im Schuppen draußen,
bringe **Holz** mit, unterm Arm.

Ich seh das Schifflein fahren,
aus **Holz** ist es gebaut.
Ein Paddler zieht vorbei,
er jauchzt vor Freude laut.

Ich seh den Meister dort sitzen,
einen **Holz**klotz in seinem Schoß.
Eine Figur wächst aus seinen Händen:
Mann oder Frau – was wird es bloß?

Lore

Es war ganz knapp,
aber der Finger is ab.
Trotzdem: voller Stolz
zeigt der Franz auf sei **Holz.**

Der Winter kann komma –
's war a kurzer Somma!

Netz

Rena

Hoch oben unterm Zirkuszelt,
da wird schon dünn die Luft,
ein Blick auf die Manegenwelt:
Es öffnet sich 'ne Kluft.
Doch reizen tät's mich trotzdem sehr
von oben runterzuschauen:
zahllose Köpfe, ein ganzes Meer,
die Gesichter voll Neugier und Grauen.

Ein Seil geschlungen um meinen Bauch,
die Arme gebreitet zum Sprung. –
Todesstille. Kein leiser Hauch.
Ich nehme tief Luft,
und dann – mit Schwung! –
flieg ich 'nem Vogel gleich
und falle und falle, falle …
ich weiß ja unter mir das **Netz,**
es fängt mich auf, es ist weich.

Lore

Von altem Wein ganz eingehüllt
steht das kleine Haus im Garten.
Welke Rosen geben müden Glanz
und ein kalter Herbstwind fordert
die Blätter auf zum letzten Tanz.

Mit warmer Mütze und dickem Schal
wandert Marie durch ihren Garten.
So viele Jahre tut sie es schon –
worauf soll sie jetzt noch warten?

Das Kinderlachen, es ist vorbei,
selbst die Enkel kommen nur selten.
Ein **Netz** spannt sich um das kleine Haus,
nur Spinnen weben, tagein, tagaus…

Engel

Rena

In einem Nachtgebet aus alter Zeit,
da stehn vierzehn **Engel** für mich bereit:
zur Linken, zur Rechten,
zum Kämpfen und Fechten,
zum Zudecken, Aufwecken –
alle sind da.

Vierzehn bräuchte ich nicht,
einer wäre schon gut.
Er spornte mich an,
er machte mir Mut.
Er könnte mit mir lachen
und wunderbare Sachen machen.

Ob er Flügel haben sollte?
Ja, unbedingt, das hätte ich gern,
dann könnten wir fliegen,
einfach fliegen –
von Wolke zu Wolke,
von Stern zu Stern.

Lore

Ich weiß nicht, ob's ihn wirklich gibt,
den hochverehrten **Engel.**
Der Pfarrer meint, dass es so ist.
Doch oft hab ich ihn sehr vermisst
und dann erkannt:
Es ist schon gut,
wenn man sich müht
und vieles selber tut.

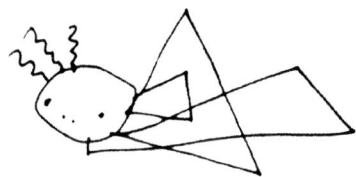

Uhr

Rena

Sie sind ein Paar von Anfang an,
der Große und der Kleine,
ziehn stetig ihre runde Bahn –
Eile haben sie keine.

Wenn auch der Große geht voran,
geduldig wird der andre warten,
bis einmal jede volle Stunde
er mit dem Langen neu darf starten.

Zwölfmal am Tag, zwölfmal die Nacht
drehn beide sie die Runde,
solang die Batterie mitmacht …
Tag für Tag, Stund' um Stunde –
rund um die **Uhr.**

Lore

Fünf vor zwölfe, höchste Zeit!
Ich mach zum Dichten mich bereit,
doch mein Hirn zeigt keine Spur
von Fantasie … Es tickt die **Uhr.**

Ich werf den Bleistift jetzt ins Eck,
denn heute hat es keinen Zweck.
Den Block ich hinterher ihm schmeiße,
ein neues Blatt ich an mich reiße.

Der Schreibtisch wackelt furios
all meine Worte scheitern …
Grandios!

Musik

Rena

Morgen woll'n ein Fest wir feiern,
das macht Laune und davon viel.
Woll'n nicht länger hier rumeiern,
kommen sonst ja nicht ans Ziel.
Kuchen backen, Soßen rühren,
viele Vollkornbrote schmieren.

Wer schmort Braten, wer bringt Wein?
Und wen laden wir denn ein?
Die besonders G'scheiten, Netten,
die viel reden und die Fetten
und die Dünnen klar doch auch
und die Großen, Klugen, Dicken,
die nichts sagen und nur nicken.

Und **Musik,** die brauchen wir:
Johanna setzt sich ans Klavier.
Und vergesst den Günter nicht,
der macht sicher ein Gedicht.
Morgen wird ein Fest gemacht!
Kommt alle – so um halbe acht.

Lore

Du liegst im Schatten unterm Baum,
kannst staunend in den Himmel schaun:
Die weißen Wolken ziehn vorbei …
und du hast Zeit.

Die Welt in dir, die Welt um dich,
sie strahlt in einem andern Licht.
Leise **Musik** in dir erklingt,
ein Lächeln in die Luft sich schwingt.

Du fühlst dich frei, und du bist leicht,
Unendlichkeit hast du erreicht,
und sei's auch nur ein Augenblick –
doch dieser ist das großes Glück.

Mond

Rena

Eine Wimper, schlank und gebogen,
wie mit dem Zirkel scharf gezogen,
so balanciert er auf einem Gipfel,
erklimmt ganz leicht den nächsten Wipfel.

Wo der **Mond** will auf und unter gehn,
sind zartrosa Wölkchen am Himmel zu sehn.
Der **Mond** besucht mich Nacht für Nacht,
wenn ich schlafen geh und er über mir wacht.

Lore

Mond scheint
Kind weint
Windel nass
aus der Spaß

Schlaf vorbei
einerlei
Pflicht ruft
herber Duft

Romantik nein
soll nicht sein
Morgen naht
bleib unverzagt

Vogel

Rena

Weit über mir ein **Vogel**schwarm …
Da wär ich gern dabei!
Nach Süden geht's, da ist's schon warm –
und ich wär vogelfrei.

Hör ein gewaltig' Flügelrauschen,
schau nur das Bild, die Formation,
steh wie gebannt und kann nur lauschen:
Leiser wird der **Vögel** Ton.

Meine Augen begleiten sie eine Weile,
meine Seele fliegt ein Stück mit fort,
Doch sie entschwinden Meil' für Meile –
und ich stehe noch am gleichen Ort.

Lore

Hoch oben im Baum
du glaubst es kaum
sitzt ein **Vogel** und singt

und es klingt
so hell und klar
so wunderbar

dass das Liebespaar
unterm Baum
alles vergisst

und nur wissen möcht'
was Liebe ist

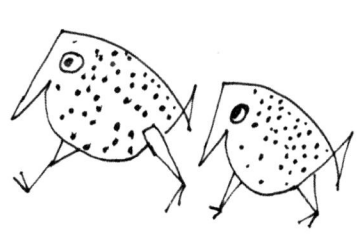

Kerze

Rena

Süßes Nichtstun, Sich-Verschenken
an den Abend, an den Morgen –
einfach träumen, an nichts denken,
nicht an Schönes, nicht an Sorgen.

Durch die Zweige hoch am Himmel
seh ich weiße Wolkenschimmel.
Nein, ich steh heut' nicht mehr auf –
und der Tag nimmt seinen Lauf.

Wolken ziehn, bald leuchten Sterne,
dunkel wird's, und in der Ferne –
ist das nicht ein **Kerze**nschein?
Wird das schon mein Liebster sein?

Süßes Nichtstun, Sich-Verschenken …
Wir nehmen fest uns in den Arm.
Weiterträumen, Schönes denken …
und er hält mich zart und warm.

Lore

Dunkel ist's und auch sehr still,
alle Tiere schlafen.
Ich geh beklommen durch den Wald –
irgendwo ein Echo hallt.

Tausend Augen auf mir ruhn.
Wem sie wohl gehören?
Fremd ist mir die eig'ne Welt
unterm weiten Sternenzelt.

Da! – ein seltsam schöner Ruf.
Käuzchen zwinkert durchs Geäst,
lässt mich innehalten.
Dann… von fern… ein **Kerze**nlicht…

Und nirgendwo ein Bösewicht.

35

Meister

Rena

An Dich, **Meister!**
Hätt ich Dich nie gesehn,
hätt ich Dich nie gekannt.

Ich habe Dich gesehn
und Du hast mich erkannt.
Ich habe Dich verehrt
für immer.

Lore

Der **Meister** hat 'nen großen Hut,
der bringt Respekt,
der tut ihm gut.

Ohn' Hut ist er nur **Meister**lein,
ein bisschen dick,
ein bisschen klein.

Am besten ist –
versteckt in seiner Stirn –
sein riesengroßes **Meister**hirn.

Stille

Rena

… und sie tanzen um das Feuer,
schauen aus wie Ungeheuer,
bitten sehnlichst um den Regen,
Flammen züngeln auf trock'nen Wegen.

… und die Erde schreit nach Wasser,
keine Ernte weit und breit.
Umba-assa, umba-assa …
Gesichter gezeichnet von Hungersleid.

Ein Trommelwirbel zerreißt die **Stille**,
Blitz und Donner grollen hinterher.
Es scheint, es geschieht nun Gottes Wille:
Aus Wolken flutet's gleich einem Meer.

Da fallen sie auf die Erde nieder,
sie jauchzen und singen freudige Lieder –
bis Ruhe eintritt, und dann wird's still,
weil jeder der Schöpfung danken will.

Lore

Stille in meinem Kopf –
was mach ich nur?
Unaufhaltsam läuft die Uhr.
Und es ist still.

Ich hör in die **Stille**
und es ist gut.
Viel **Stille** täglich –
dazu gehört Mut.

Auge

Rena

Nur Sand so weit das **Auge** reicht,
eine Düne am Horizont …
's gibt nichts, was dieser Landschaft gleicht.
Eine Karawane langsam kommt.

Und über mir nur Himmelblau
mit einer Wolke drin.
Ich sitz im Sand, ich staune, schau
und frag mich, wo ich bin.

Ich schließ die Augen, sie sind voll
und ich bin da, wo ich sein soll.

Lore

Schließ die **Augen,**
leg beiseite
deine rastlosen Gedanken,
deine schweren Gefühle.

Dann horch
auf den großen braunen Bären,
der das tiefe Lied der Erde singt.

Und tauche ein
in die Magie des Augenblicks.

Gute Nacht...

Hand

Rena

„Küss die **Hand**, gnädige Frau",
tut er leise flüsternd ihr kund.
Doch ich spüre es, ich weiß es genau:
Am liebsten wäre ihm ihr Mund.

„Komm näher, nimm mich in den Arm,
halt mich fest, deine **Hand** tut mir gut."
„Da wird ums Herz mir so warm."
„Noch näher, nimm ab deinen Hut!"

Dazwischen passt nun gar keine **Hand**.
Sie finden … Was soll es schon sein?
Der Vorhang fällt, wir sind doch galant
und lassen die beiden allein.

Lore

Am Morgen, wenn der Tag beginnt,
der erste kleine Vogel singt,
da ist der Mensch ganz froh erwacht
nach einer albtraumlosen Nacht.

Gleich überlegt er frohgemut,
was heute Nützliches er tut,
klatscht in die **Hände** und springt auf:
Beginnen kann des Tages Lauf!

Die Sonne lacht so hell und klar –
Natur ist einfach wunderbar!
Da denkt der Mensch: Ich bin nicht dumm,
die Arbeit kriegt mich heut' nicht rum!

Gedanken

Rena

Eine Schiffschaukel gibt's und die „Wilde Maus"
beim Oktoberfest auf der Wies'n.
Dieses Jahr fällt sie zum ersten Mal aus,
kein Bier wird literweis' fließen.

In meinem Kopf gibt's ein Karussell,
da sitzen **Gedanken** drin.
Manchmal kreist es rasend schnell,
und plötzlich steht's wieder still.

Vor allem nachts ist es gemein,
da macht es gern, was es will.
Wo ist der Schalter, wo kann er sein?
Es nervt und quietscht ganz schrill.

Es dauert eine lange Zeit,
bis die wilde „Maus" geht schlafen.
Das Schiff schaukelt, bleibt endlich stehn,
fährt ein in den ruhigen Hafen.

Lore

Gedanken wandern unbekümmert
in meinem Kopfe hin und her.
Ich schau sie an und wundere mich:
Sie entfalten sich mehr und mehr.

Darüber werde ich schweigen,
sie gehören doch nur mir.
Ich will sie halten und weiß:
Sie öffnen mir eine neue Tür.

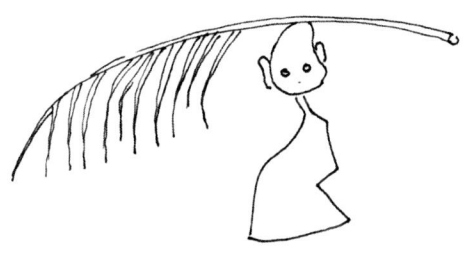

Gewitter

Rena

Ich erinnere mich: Damals, mitten im Meer,
die Wellenbrecher kamen seitwärts daher …
Klein wie 'ne Ameise habe ich mich gefühlt,
denn der wilde Sturm hat die See aufgewühlt.

Mit einer Mischung aus Angst und Respekt
hat mich nachts einmal ein **Gewitter** geweckt.
Klein wie 'ne Ameise habe ich mich gefühlt,
Blitz und Donner hatten mich so aufgewühlt.

Auch damals, es war unvergesslich schön
durch die endlos weite Wüste zu gehn …
Klein wie 'ne Ameise habe ich mich gefühlt,
doch vor Glück war mein Herz ganz aufgewühlt!

Lore

Ein Donnergrollen aus weiter Ferne –
es verheißt den ersehnten Regen.
Groß ist die Not, und es wäre ein Segen
für die Natur.

Da! Eine Wolkenwand drängt gen Norden,
Sturm kommt auf und dicke Tropfen
prasseln nieder und verstopfen
die Kanäle.

Es stürmt und tobt – das **Gewitter** ist da.
Schnell ist's vorbei wie ein Spuk.
Die Pferde ziehen weiter den Pflug
durch die gesättigte Erde.

Schlüssel

Rena

Hokuspokus, Simsalabim,
was ist nur in dem Kästchen drin?
Schau, wie schön! Ganz reich verziert,
mit Perlmuttknöpfen ist's dekoriert.

Ich dreh's rauf und runter: Ein kleines Schloss!
Wo finde ich den **Schlüssel** bloß?
Es ist 'was drin, rutscht hin und her.
Was könnt' es sein? Es ist nicht schwer.

Vielleicht ein Liebesbrief, ein Perlenring?
Da steh ich nun, ich summ und sing:
„Sesam, hör und öffne dich
für einen Blick hinein für mich!"

Hokuspokus soll nicht sein,
Schlüssel passt da keiner rein.
Der Schatz wird sich nicht zeigen,
ein Geheimnis will er bleiben.

Lore

Das **Schlüssel**wort für diesen Reim
soll doch der **Schlüssel** selber sein.

Es hakt.
Es klemmt.
Es greift noch nicht.

Doch plötzlich... ist es ein Gedicht!

Spiegel

Rena

Spieglein, Spieglein an der Wand,
wen hab ich darin grad erkannt?
Wer soll das sein? Ich kenn sie nicht.
Doch, doch sie hat ja mein Gesicht.

Was!? Meine Backen sind so groß?
Und da der Mund, was ist denn los?
Die Falten, sind sie alle mein?
Nein, das darf nicht wirklich sein.

Doch diese Nase – unverkennbar!
Auch der Ansatz von dem Haar,
der Leberfleck vorm rechten Ohr,
all das kommt sehr bekannt mir vor.

Spieglein, Spieglein an der Wand,
bin nicht die Schönste im ganzen Land,
doch ich bin ich. Kenne so lang
schon mein Gesicht – mir wird nicht bang!

Lore

Frühling is's worn,
der Winter is gschdorm.
Da gibt's im Garten nur
Gänseblümchen auf weiter Flur.

Wart no a Weilchen,
dann siegst a Veilchen
im Sonnenglanz
und an Mückentanz.

Dauert ned lang,
dann werd's da scho bang –
der Herbst is da,
vorbei scho des Jahr.

Und's Sterben beginnt.
Fort mit dem Wind
is di Sommerpracht,
fast über Nacht.

Du schaugst in'n **Spiegel** und denkst:
Aa mei Schönheit is bald scho dahi. –
Aber des Lächeln in deine Augn
is schön wie no nie!

Rad

Rena

Ich fahr so gerne **Rad.** Jedesmal
komm ich so schnell von mir zu dir.
Ich trete kräftig ins Pedal,
im Korb verstau ich Brot und Bier.

Am Kopf trag ich den flotten Helm.
Ich freu mich so, bin gleich bei dir!
Ich denk an dich, geliebter Schelm –
und drüben übt jemand Klavier.

Hörst du mein Klingeln schon von fern,
schaust raus aus deinem Garten.
Die Bremse quietscht, die Funken sprühn,
ich stürz auf den Boden, den harten.

Da kommst du ganz schnell angerannt,
mit Gartenschere noch in der Hand:
Wir retten, was zu retten ist,
ich schluchze laut: Was für ein Mist!

O, dieses **Rad** fährt so nicht mehr,
es hat jetzt einen Platten.
Mein Knie tut weh, es blutet sehr.
Du trägst mich in den Schatten.

Und unterm duften Rosenstrauch,
da ist es gar nicht fad:
Ich küsse dich, du küsst mich auch. –
Vergessen ist das **Rad!**

Lore

Wo ist der Anfang, wo das Ende?
Überall und nirgendwo.

Nimm ein **Rad** und treib's behende,
lachend, schnell und lebensfroh
durch die kleinen Gassen.

Wenn du nicht mehr atmen kannst,
beende dieses Spiel.
Überall und nirgendwo
findest du ein Ziel!

Lächeln

Rena

Gedankenversunken geh ich vor mich hin,
ziemlich trüb ist heute mein Sinn.
Eine Frage wälzt sich hin und her,
jeder Schritt fällt mir ungewohnt schwer.

Obwohl kein Rucksack auf dem Rücken,
sind's viele Kilos, die mich drücken
und mich des Weges stolpern lassen.
Die Gedanken sind einfach nicht zu fassen.

Doch plötzlich spür ich einen Hauch,
ich bleibe stehn und schau hinauf:
Ein **Lächeln** kommt mir da entgegen,
ganz offen, direkt, fast verwegen.

Verwirrung – Neugier –
ein Lächeln zurück!

Lore

Sprich mir von Liebe –
du hast sie erlebt!

Ein **Lächeln** in deinem Gesicht …

Ein Wort jedoch
sprichst du mir nicht.

Blatt

Rena

Sie ist kein unbeschrieb'nes **Blatt.**
Gar vielen ist's bekannt.
Es wird getuschelt, nicht zu knapp,
ihr Name nur leise genannt.

Sie ist attraktiv, ein bisschen stolz,
das wird nicht gern gesehen.
Ist freundlich, doch aus fremdem Holz,
hintenrum oft Augen spähen.

Und wenn du fragst, wieso, warum,
weiß keiner es genau.
Die Augen sprechen, der Mund bleibt stumm –
eine Fremde halt, diese Frau.

Lore

Blatt am Ast,
Ast am Baum –
hoch oben ist's,
du siehst es kaum.

Sonne funkelt durchs Geäst,
Regen prasselt nieder,
und im Sturm, der alles biegt,
klingen fremde Lieder.

Und das **Blatt**, es fügt sich ein,
nicht allein, geborgen
wirbelt's mit im großen Tanz,
muss sich gar nicht sorgen.

Wenn der Herbst ihm Farben schenkt,
die Zeit ihm Kraft entwendet,
schwebt das **Blatt** herab vom Zweig –
in Leichtigkeit es endet …

Stimme

Rena

Du kannst sie nur fühlen, sie nicht hören,
sie kann dich quälen oder betören.
Du kannst sie nicht schalten ein oder aus,
sie wohnt in dir, ist bei dir zuhaus.

Die innere **Stimme**, sie schläft nur ganz selten.
Sie bewegt sich zwischen gegensätzlichen Welten,
bringt dich zum Lachen oder zum Weinen,
lässt es stürmen oder die Sonne scheinen.

Das alles hört keiner, nur du allein.
's ist wichtig, gut Freund mit ihr zu sein.

Lore

Deine **Stimme** spricht von anderem –
Ich will keine Worte hören!
Lange sie mich schon verstören.

Ich werde nun weiterwandern,
neue, helle Ufer finden.

Farbe

Rena

Eine Brücke spannt sich weit übers Land,
ein Lichtbogen mit sieben **Farben** darin.
Die Sonne strahlt trotz Regenwand –
ganz oben zu stehn kommt mir in den Sinn.
Schnell müsst' ich sein, denn schon bald ist er weg,
ein kurzes Geschenk, ganz ohne Zweck.

Lore

Die Hanni trägt ein lila Kleid
zu dunkelroten Schuhen.
Am Kopf – entdeckst du voller Neid –
zwei gelbe Vögel ruhen.

Ein grünkariertes Täschchen baumelt
leicht frivol an ihrem Arm,
sodass ein grauer Herr gar taumelt. –
Ach, es war nur der Dorfgendarm.

Die Hanni lächelt süffisant,
kennt alle ihre Stärken,
denn **Farben** machen interessant,
das sollte jeder merken.

Und sie betonen die Figur,
die ihr geschenkt hat die Natur.
Fürs Leben ist sie nun bereit:
Es möge kommen, jederzeit!

Schirm

Rena

So – jetzt kommt das allerletzte,
will nicht sagen, ’s ist das Beste.

Ich spann den bunten **Schirm** weit auf
und fliege zu den Wolken rauf,
die mich gleich verschlucken werden.
Ihr steht unten auf dem Fleck –
ich bin weg…

Julia

Mit **Schirm,**
Charme und Melone,
aber unten ohne
in die Gischt –
das erfrischt!

(Schlusspunkt von Julia, Lores Tochter)

Rena Geilich

Als jüngstes von vier Kindern in Fürstenfeldbruck
geboren, wurde sie schon früh von ihren beiden
älteren Schwestern mit Geschichten vertraut gemacht.

Mit Freude konnte sie später diese geweckte Neugierde in
ihrer beruflichen Arbeit mit Kindern intensivieren.

Die Ausbildung zur Märchenerzählerin eröffnete ihr zu-
sätzlich eine Welt, die ihrem angeborenen Fernweh viel
Nahrung gab. Unterwegs in fremden Ländern hatte sie oft
neue Geschichten im Gepäck.

Heute kann sie sich gut vorstellen, dass eines ihrer beiden
Kinder oder eines der acht Enkelkinder ein paar dieser
Geschichten weitertragen.

Ihre Heimat sind die bayrischen Berge, der Königssee
und der Chiemsee, von denen sie sich gern zum
Wandern, Radeln oder Skifahren einladen lässt.

Lore Kienzl

Lore Kienzl, geboren in München, studierte Mathematik an der TH München und war mehr als zwei Jahrzehnte in der Flugzeugentwicklung in Ottobrunn tätig. Heute wohnt die Mutter zweier Töchter im Fuchstal.

Seit vielen Jahren widmet sie sich der Kunst. So wurden schließlich Zeichnen und Bildhauerei zu prägenden Inhalten ihres Lebens. Als Mitglied des Regionalverbandes Bildender Künstler Ammersee West beteiligt sie sich regelmäßig an den jährlichen Ausstellungen.

Erfolgreiche Einzelausstellungen seit 2008 folgten, zum Beispiel in: Skulpturenstraße Kaufering, Bad Wörishofen, Malura-Museum Oberdießen, Galerie Alte Sennerei Aufkirch, Museumsgalerie Roßhaupten, Studio Rose Schondorf, Projektraum Koletzko, Stadttheater und Säulenhalle Landsberg.

Seit 2006 schreibt sie auch Lyrik und Prosa, die sie in den Anthologien des Landsberger Autorenkreises publiziert; in „Literarisches Lechrauschen" sind zudem die meisten Illustrationen von ihr gestaltet. Im Buch „Alles Haiku" von Hans Schütz stellt sie vergnügt die Früchte ihrer Zusammenarbeit vor.

www.lore-kienzl.de